Impressum
Verlag: BABADADA GmbH, Nedderfeld 112 , 22529 Hamburg
Geschäftsführer / Verlagsleitung: Harald Hof
Druck: Books on Demand GmbH, In de Tarpen 42, 22848 Norderstedt

Imprint
Publisher: BABADADA GmbH, Nedderfeld 112 , 22529 Hamburg, Germany
Managing Director / Publishing direction: Harald Hof
Print: Books on Demand GmbH, In de Tarpen 42, 22848 Norderstedt

colegio
мактаб

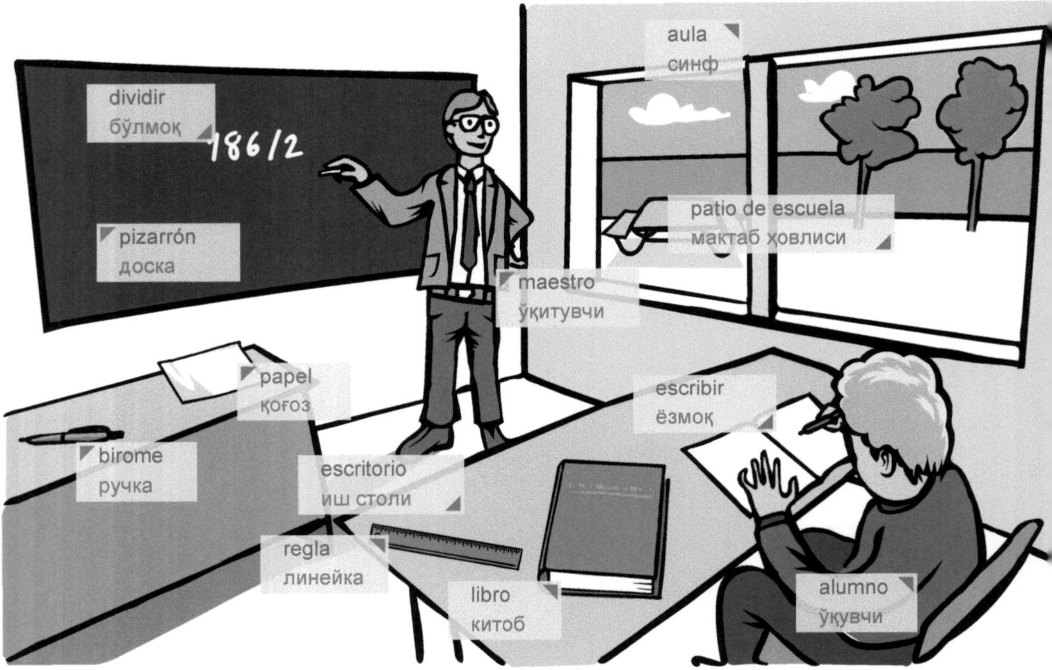
aula
синф
dividir
бўлмоқ
186/2
pizarrón
доска
patio de escuela
мактаб ҳовлиси
maestro
ўқитувчи
papel
қоғоз
escribir
ёзмоқ
birome
ручка
escritorio
иш столи
regla
линейка
libro
китоб
alumno
ўқувчи

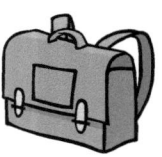

mochila

осма сумка

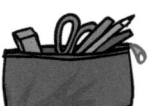

caja de lápices

қаламдон

lápiz

қалам

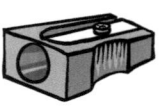

sacapuntas

қалам учлагич

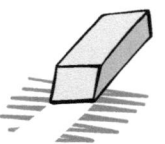

goma (de borrar)

ўчиргич

bloc de dibujo

расм албоми

dibujo

....

чизмачилик

pincel

....

бўёқ чўтка

caja de pinturas

....

бўёқдон

tijera

....

қайчи

pegamento

....

елим

cuaderno de ejercicios

....

машғулот дафтари

tarea

....

уй иши

número

....

рақам

sumar

....

қўшмоқ

restar

....

айирмоқ

multiplicar

....

кўпайтирмоқ

calcular

....

ҳисобламоқ

letra

....

хат

abecedario

....

алифбо

palabra

....

сўз

texto

матн

leer

ўқимоқ

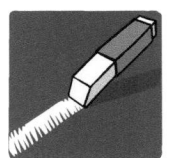

tiza

бўр

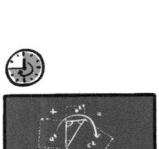

lección

дарс

cuaderno de clase

журнал

examen

имтиҳон

certificado

гувоҳнома

uniforme escolar

мактаб формаси

educación

таълим

enciclopedia

қомус

universidad

олийгоҳ

microscopio

микроскоп

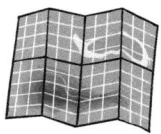

mapa

харита

tacho (de basura)

урна

hotel
меҳмонхона

Grand

hostel
сайёҳлар ётоқхонаси

CMS

EXCHANGE

casa de cambio
пул айирбошлаш шаҳобчаси

valija
чемодан

auto
машина

idioma
тил

sí / no
ҳа / йўқ

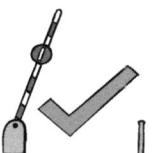

Está bien
Хўп

hola
салом

traductor
таржимон

Gracias
Раҳмат

¿cuánto cuesta...?

неча пул...?

No entiendo

Тушунмадим

problema

муаммо

¡Buenas tardes!

Хайрли кеч!

¡Buenos días!

Хайрли тонг!

¡Buenas noches!

Хайрли тун!

adiós

кўришгунча

dirección

йўналиш

equipaje

йўловчи юки

bolso

сафархалта

mochila

юк халта

invitado

меҳмон

habitación

хона

bolsa de dormir

уйқуқоп

carpa

чодир

información turística

саёхларга маълумст бериш столи

playa

пляж

tarjeta de crédito

омонат карта

desayuno

нонушта

almuerzo

нонушта

cena

кечки овқат

pasaje

чипта

ascensor

лифт

sello

марка

frontera

чегара

aduana

божхона

embajada

элчихона

visa

виза

pasaporte

паспорт

transporte

транспорт

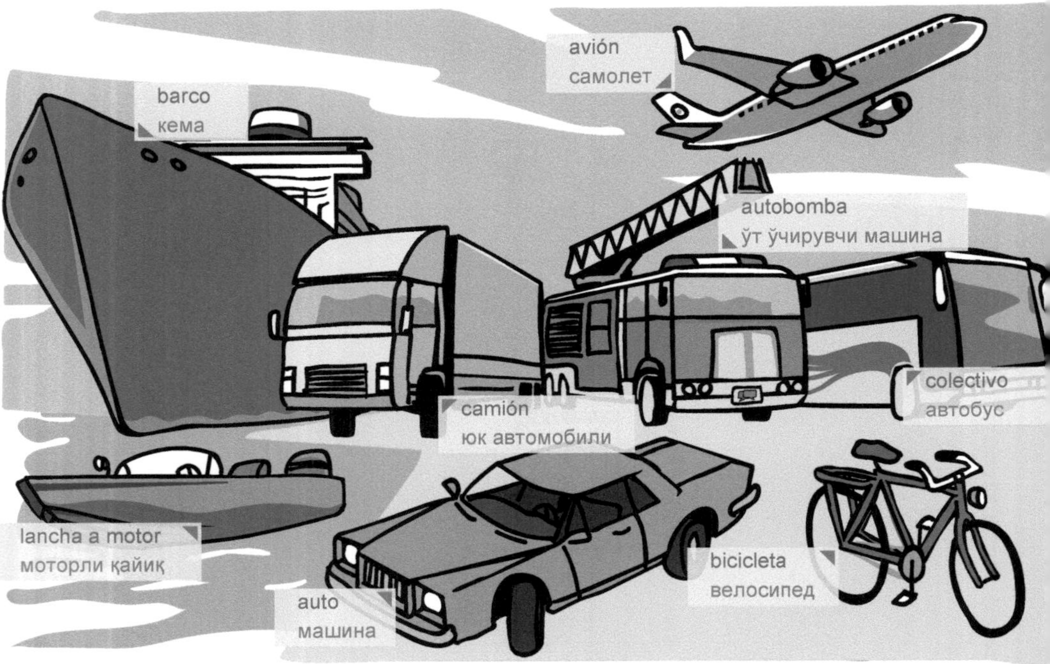
avión
самолет
barco
кема
autobomba
ўт ўчирувчи машина
colectivo
автобус
camión
юк автомобили
lancha a motor
моторли қайиқ
bicicleta
велосипед
auto
машина

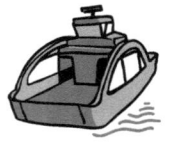

ferry
....
солсимон ясси кема

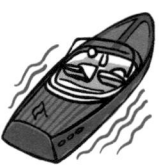

bote
....
қайиқ

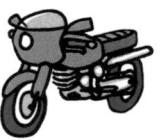

moto
....
мотоцикл

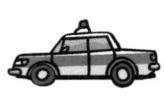

patrullero
....
посбон машинаси

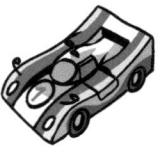

auto de carreras
....
пойга машинаси

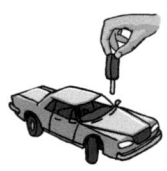

auto de alquiler
....
ижарага олинган автоулов

alquiler de autos

автоижара

grúa

шатакка олувчи юк
автомобили

camión de basura

ахлат машинаси

motor

мотор

nafta

ёқилғи

estación de servicio

ёқилғи қуйиш шаҳобчаси

señal de tránsito

йўл белгиси

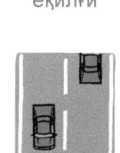

tránsito

йўл ҳаракати

embotellamiento

тирбанд

estacionamiento

автомобил тўхтаб туриш
жойи

estación de tren

поезд бекати

vías

рельс

tren

поезд

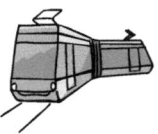

tranvía

трамвай

vagón

вагон

helicóptero

вертолёт

aeropuerto

аэропорт

torre

минора

pasajero

йўловчи

contenedor

контейнер

caja de cartón

қоғоз қути

carretilla

аравача

canasta

сават

despegar / aterrizar

учмоқ / қўнмоқ

ciudad

шаҳар

pueblo

қишлоқ

centro de ciudad

шаҳар маркази

casa

уй

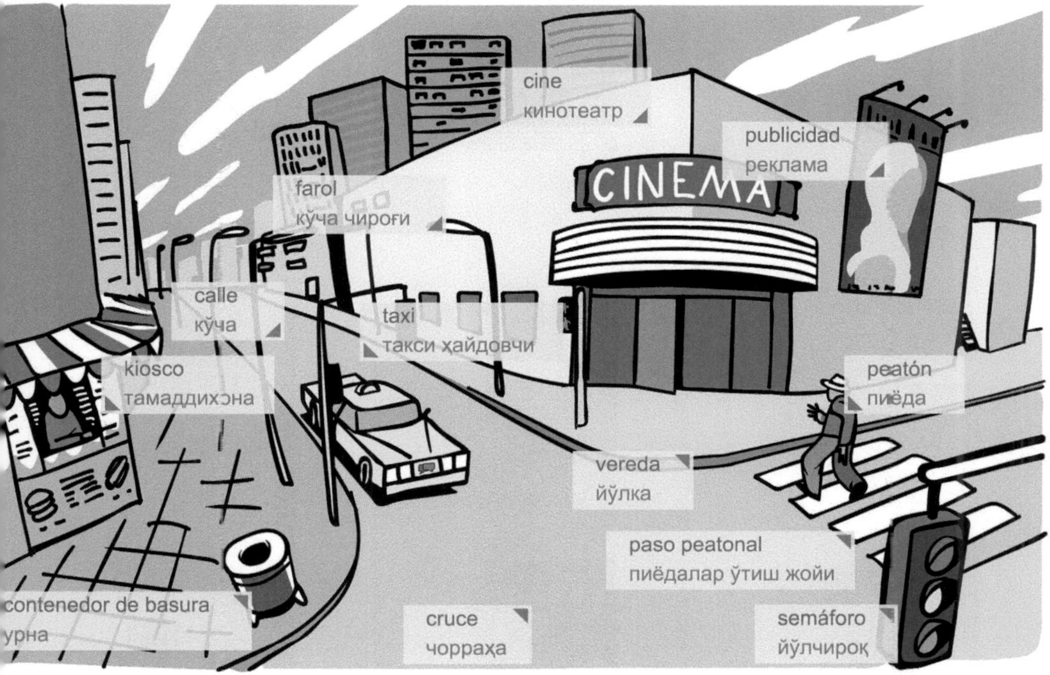

cine
кинотеатр

publicidad
реклама

farol
кўча чироғи

calle
кўча

taxi
такси ҳайдовчи

kiosco
тамаддихэна

peatón
пиёда

vereda
йўлка

paso peatonal
пиёдалар ўтиш жойи

contenedor de basura
урна

cruce
чорраҳа

semáforo
йўлчироқ

cabaña

кулба

departamento

квартира

estación de trən

поезд бекати

municipalidad

маҳаллий ҳокимият
биноси

museo

музей

colegio

мактаб

universidad

олийгоҳ

banco

банк

hospital

шифохона

hotel

меҳмонхона

farmacia

дорихона

oficina

идора

librería

китоб дўкони

negocio

дўкон

florería

гул дўкони

supermercado

супермаркет

mercado

бозор

grandes tiendas

универмаг

pescadería

балиқ дўкони

centro comercial

савдо маркази

puerto

бандаргоҳ

parque

истироҳат боғи

banco

банк

puente

кўприк

escaleras

зинапоя

subte

метро

túnel

ер ости йўли

parada del colectivo

автобус бекати

bar

бар

restaurante

ресторан

buzón

почта қутиси

letrero

кўча ёзув осма тахтаси

parquímetro

тўхтаб туриш вақтини
ҳисоблагич

zoológico

ҳайвонот боғи

pileta

бассейн

mezquita

масжид

granja

чорвачилик хўжалиги

contaminación

атроф-муҳит
ифлосланиши

cementerio

қабристон

iglesia

ибодатхона

juegos infantiles

болалар ўйингоҳи

templo

эҳром

paisaje

манзара

hoja
япроқ

poste indicador
йўлкўрсатгич

camino
йўл

pradera
ўтлоқ

piedra
тош

excursionista
пиёда сайёҳ

árbol
дарахт

río
дарё

hierba
майса

flor
гул

valle

водий

montaña

қир

lago

кӯл

bosque

ўрмон

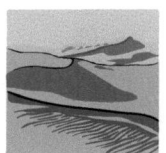

desierto

чӯл

volcán

вулкан

castillo

қалъа

arco iris

камалак

champiñón

қӯзиқорин

palmera

пальма дарахти

mosquito

пашша

mosca

чивин

hormiga

чумоли

abeja

асалари

araña

ўргимчак

escarabajo

қўнғиз

rana

қурбақа

ardilla

олмахон

erizo

типратикон

liebre

қуён

lechuza

укки

pájaro

қуш

cisne

оққуш

jabalí

эркак чўчқа

ciervo

буғу

alce

бутоқ шоҳли кийик

presa

тўғон

aerogenerador

шамол генератори

panel solar

қуёш батареяси

clima

иқлим

restaurante

ресторан

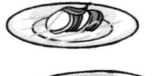

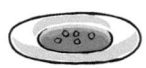

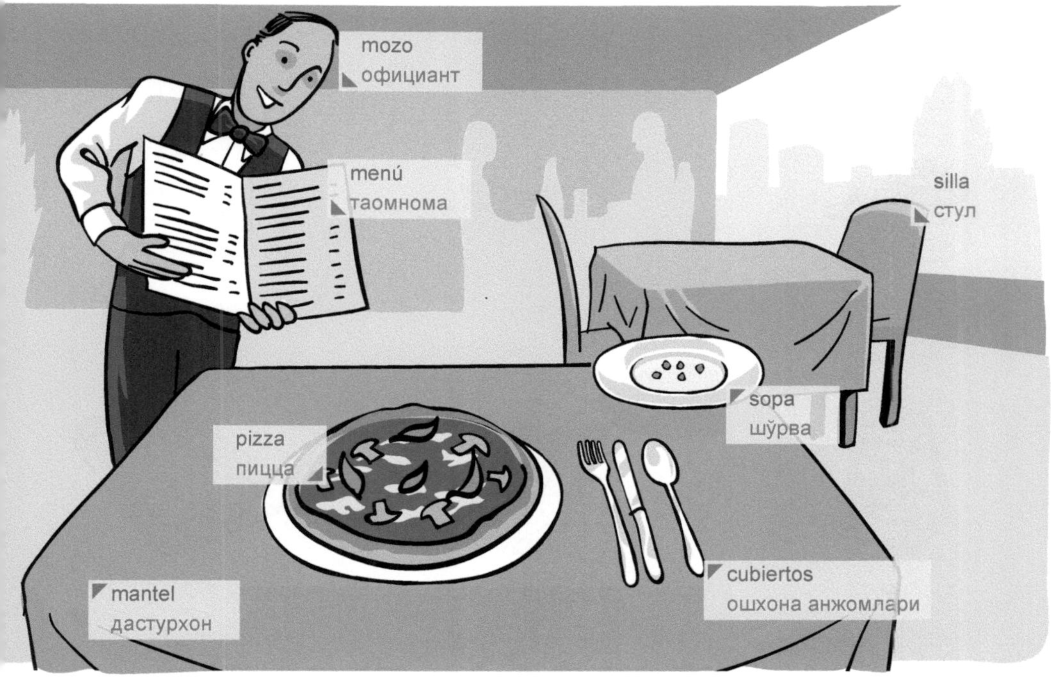
mozo
официант
menú
таомнома
silla
стул
sopa
шўрва
pizza
пицца
cubiertos
ошхона анжомлари
mantel
дастурхон

entrada

газак

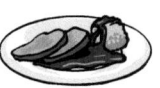

plato principal

асосий таом

postre

десерт

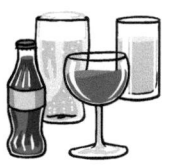

bebidas

ичимликлар

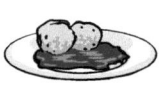

comida

таом

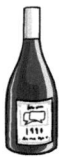

botella

бутилка

comida rápida

тез пишар таом

comida callejera

кўча таоми

tetera

чойнак

azucarera

шакардон

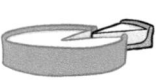

porción

порция

cafetera expreso

эспрессо кофе машинаси

sillita alta

болалар курсичаси

cuenta

ҳисоб

bandeja

лаган

cuchillo

пичоқ

tenedor

санчқи

cuchara

қошиқ

cucharita

чой қошиқ

servilleta

қўл сочиқ

vaso

стакан

plato

ликоп

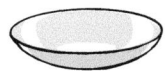

plato hondo

шўрва коса

plato

тақсимча

salsa

қайла

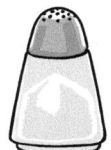

salero

туздон

molinillo de pimienta

қалампир янчгич

vinagre

сирка

aceite

ёғ

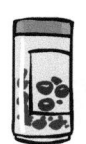

especias

зираворлаҫ

kétchup

кетчуп

mostaza

хантал

mayonesa

майонез

supermercado

супермаркет

oferta especial
чегирма
FOR
cliente
мижоз
lácteos
сут махсулотлари
fruta
мева
changuito
харид араваси

BUTCHERS

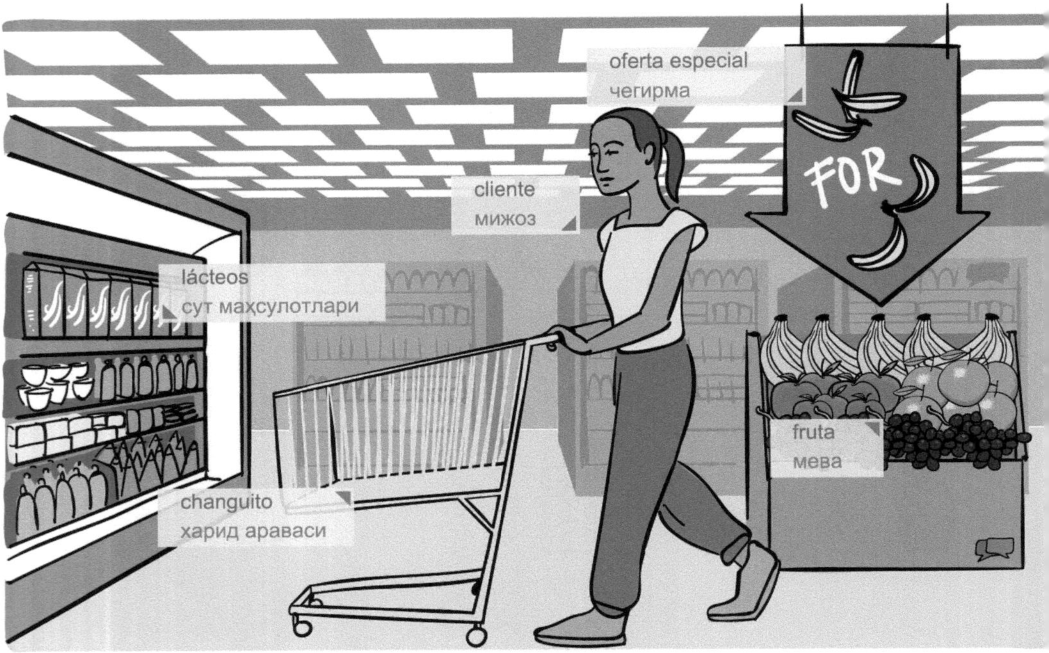

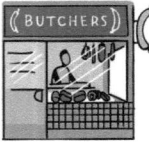

carnicería

қассобхона

BAKERY

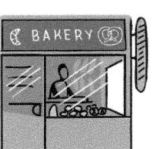

panadería

нонвойхона

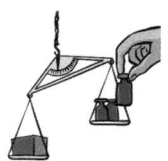

pesar

тарозида ўлчамоқ

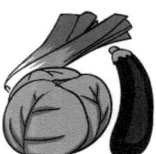

verduras

сабзавот

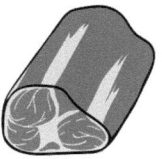

carne

гўшт

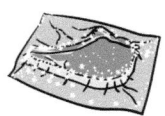

alimentos congelados

музлатилган таомлар

fiambres

яхна гўшт

alimentos enlatados

консерва

detergente en polvo

кир ювиш воситаси

golosinas

ширинликлар

electrodomésticos

кундалик истеъмол моллар

productos de limpieza

ювиш воситалари

vendedora

сотувчи

caja

касса аппарати

cajero

ғазначи

lista de compras

харид рўйхати

horario de atención

иш вақти

billetera

ҳамён

tarjeta de crédito

омонат карта

cartera

халта

bolsa de plástico

целлофан халта

agua

сув

jugo

шарбат

leche

сут

bebida cola

кока-кола

vino

вино

cerveza

пиво

alcohol

спиртли ичимлик

cacao

какао

té

чой

café

кофе

café expreso

эспрессо

cappuccino

капучино

banana

банан

manzana

олмахон

naranja

апельсин

melón

қовун

limón

лимон

zanahoria

сабзи

ajo

саримсоқ

bambú

бамбук

cebolla

пиёз

champiñón

кўзиқорин

nueces

ёнғоқ

fideos

лағмон

tallarines

спагетти

arroz

гуруч

ensalada

салат

papas fritas

картошка-фри

papas fritas

қовурилган картошка

pizza

пицца

hamburguesa

гамбургер

sándwich

сэндвич

churrasco

тўқмоқланган тўш қиймаси

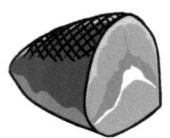

jamón

дудланган чўчқа гўшти

salame

салями колбасаси

salchicha

сосиска

pollo

товуқ гўшти

asado

қовурилган

pescado

балиқ

copos de avena

сули бўтқаси

muesli

мюсли

copos de maíz

маккажўхори ёрмаси

harina

ун

medialuna

француз булочкаси

pancito

булочка

pan

нон

tostada

қизартирилган нон бўлаги

galletitas

пиширик

manteca

сариёғ

cuajada

творог

torta

пирог

huevo

тухум

huevo frito

қовурилган тухум

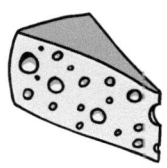

queso

пишлоқ

helado

музқаймоқ

azúcar

шакар

miel

асал

mermelada

мураббо

pasta de chocolate

шоколад пастаси

curry

зарчава

granja

чорвачилик хўжалиги

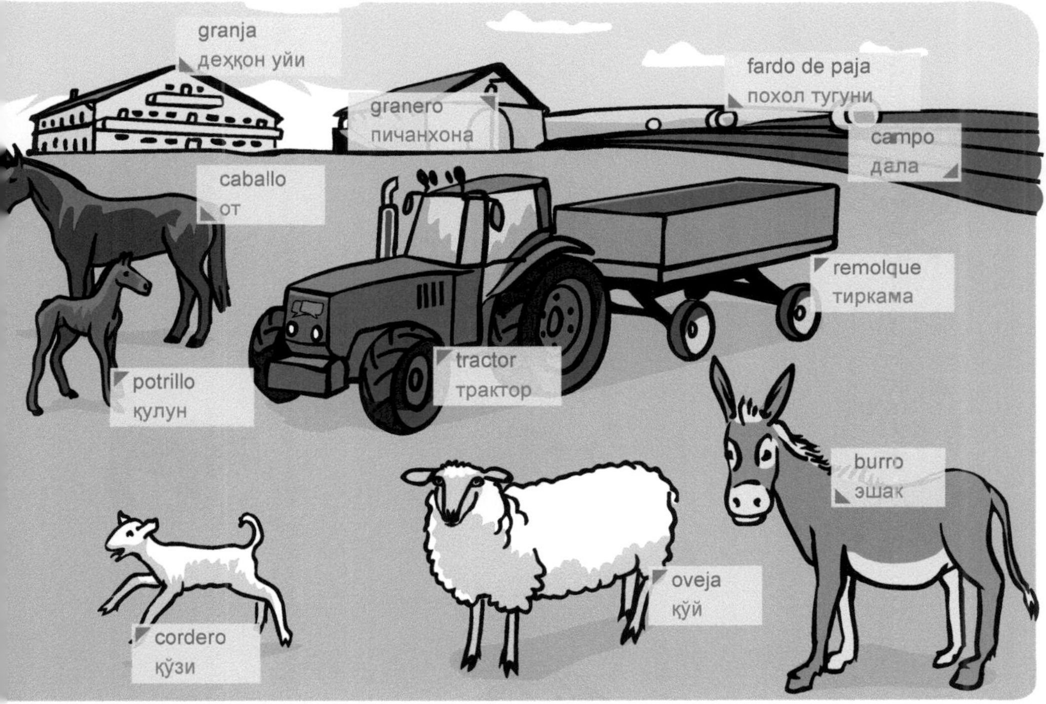
granja
деҳқон уйи
fardo de paja
похол тугуни
granero
пичанхона
campo
дала
caballo
от
remolque
тиркама
tractor
трактор
potrillo
қулун
burro
эшак
oveja
қўй
cordero
қўзи

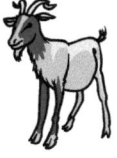

cabra

эчки

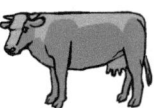

vaca

сигир

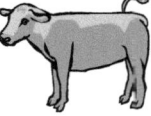

ternero

бузоқ

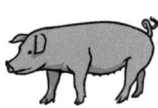

cerdo

чўчқа

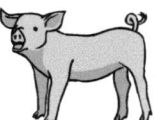

lechón

чўчқа боласи

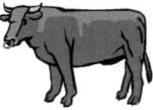

toro

буқа

ganso

ғоз

pato

ўрдак

pollo

жўжа

gallina

товуқ

gallo

хўроз

rata

каламуш

gato

мушук

ratón

сичқон

buey

хўкиз

perro

ит

cucha

каталак

manguera

ҳовли боғ шланги

regadera

гулчелак

guadaña

белўроқ

arado

темир омоч

28   granja - чорвачилик хўжалиги

hoz

қўлўроқ

azada

чопқи

horquilla

паншаха

hacha

болта

carretilla

ғалтакарава

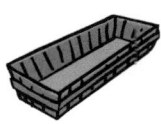

abrevadero

охур

lechera

сут бидони

bolsa

тўрва

reja

панжара

establo

оғилхона

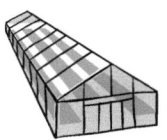

invernadero

иссиқхона

suelo

тупроқ

semilla

уруғ

fertilizador

ўғит

cosechadora

комбайн

cosechar

ҳосил олмоқ

cosecha

йиғим-терим

batatas

ямс

trigo

буғдой

soja

соя

papa

картошка

maíz

маккажўхори

semilla de colza

рапс уруғи

árbol frutal

мевали дарахт

mandioca

маниок

cereales

ёрма

casa

уй

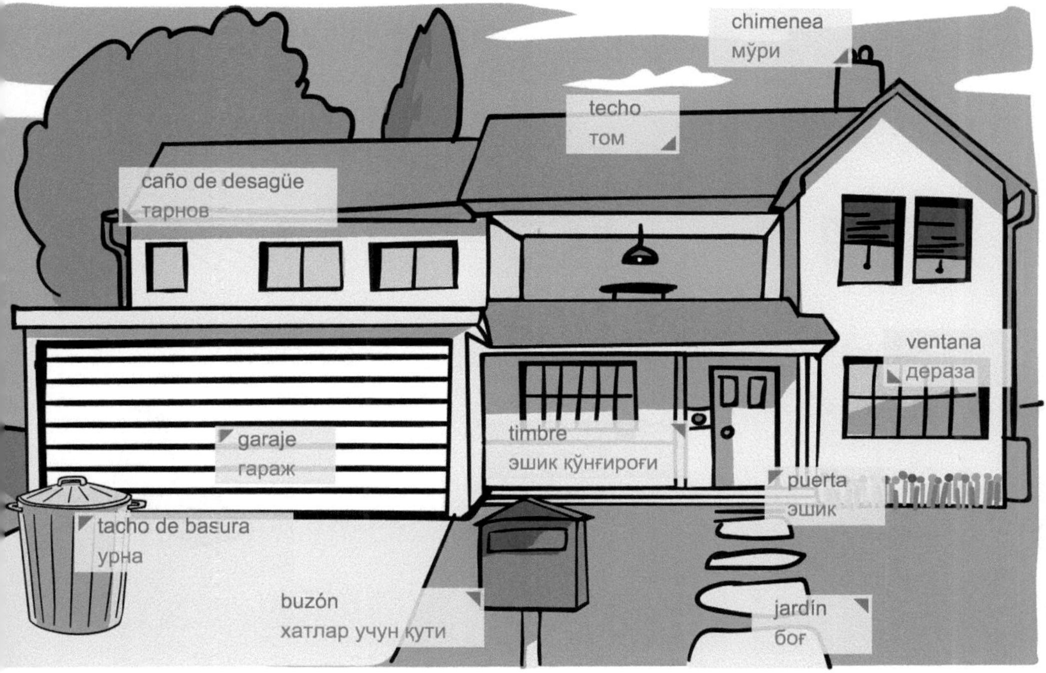
chimenea
мўри
techo
том
caño de desagüe
тарнов
ventana
дераза
garaje
гараж
timbre
эшик қўнғироғи
puerta
эшик
tacho de basura
урна
buzón
хатлар учун қути
jardín
боғ

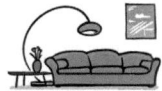

living

меҳмонхона

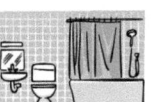

baño

ваннахона

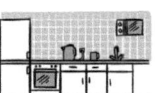

cocina

ошхона

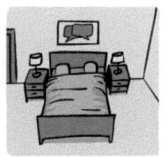

dormitorio

ётоқхона

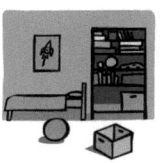

cuarto de los chicos

болалар хонаси

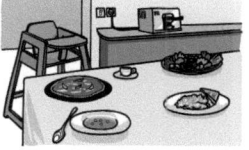

comedor

ошхона

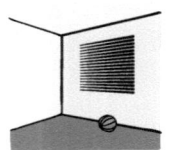

piso

пол

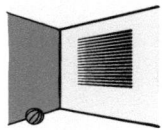

pared

девор

cielorraso

шип

sótano

подвал

sauna

сауна

balcón

болохона айвони

terraza

айвон

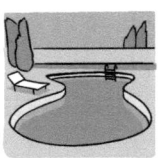

pileta

бассейн

cortadora de pasto

ўт ўргич машина

sábana

кўрпажилд

acolchado

чойшаб

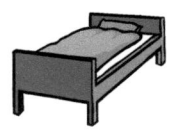

cama

кроват

escoba

супурги

balde

пақир

interruptor

мурват

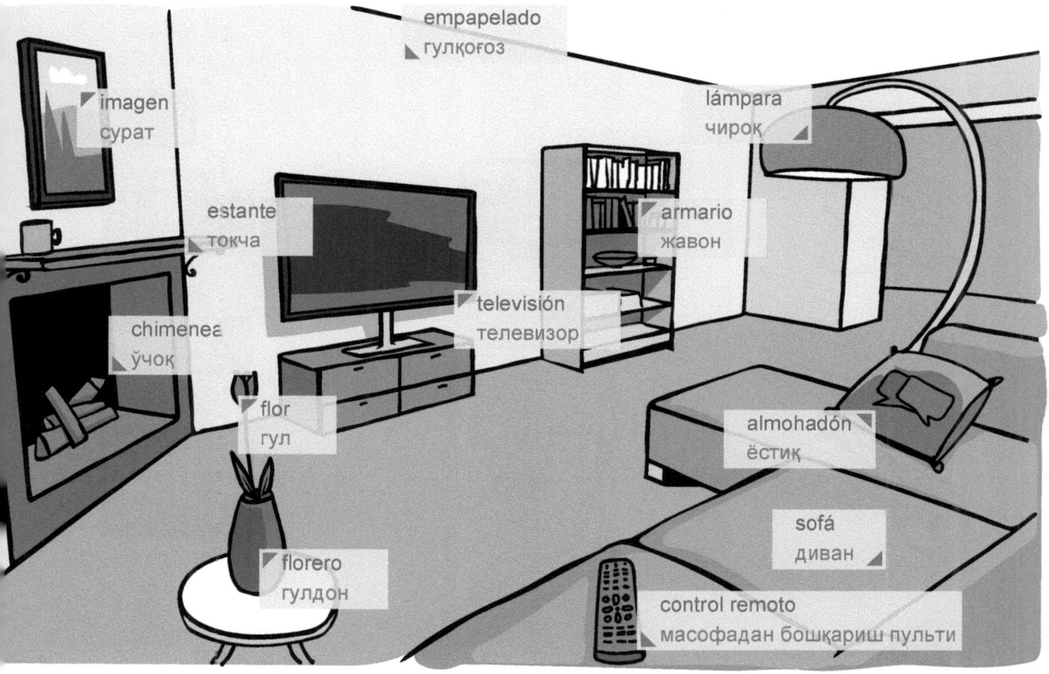

empapelado
гулқоғоз

imagen
сурат

lámpara
чироқ

estante
токча

armario
жавон

chimenea
ўчоқ

televisión
телевизор

flor
гул

almohadón
ёстиқ

sofá
диван

florero
гулдон

control remoto
масофадан бошқариш пульти

alfombra
гилам

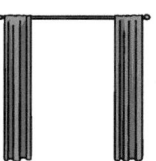

cortina
парда

mesa
стол

silla
стул

mecedora
тебранма курси

sillón
кресло

libro

китоб

frazada

кўрпа

decoración

ҳашам

leña

ўтин

película

кино

equipo de música

стерео қурилма

llave

калит

diario

рўзнома

pintura

расм

póster

плакат

radio

радио

cuaderno

ён дафтар

aspiradora

чанг ютгич

cactus

кактус

vela

шам

cocina

ошхона

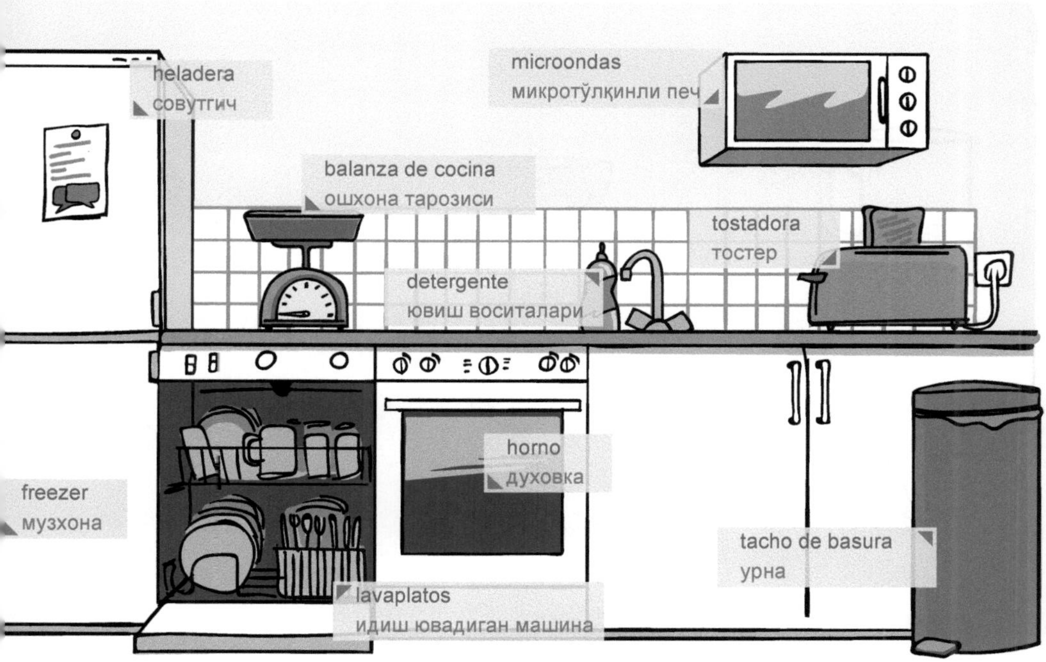

heladera
совутгич
microondas
микротўлқинли печ
balanza de cocina
ошхона тарозиси
tostadora
тостер
detergente
ювиш воситалари
horno
духовка
freezer
музхона
tacho de basura
урна
lavaplatos
идиш ювадиган машина

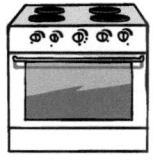

cocina
плита

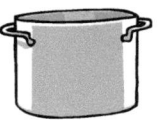

olla
кастрюль

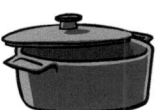

olla de hierro fundido
чўян қозон

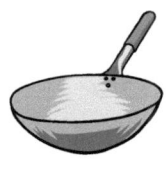

wok
бўртма тубли това

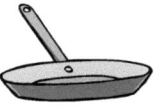

sartén
това

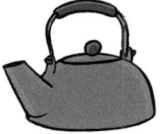

pava
човгун

vaporera

мантиқасқон

bandeja de horno

тунука това

vajilla

идиш

taza

кружка

bol

коса

palitos

таом ейиш таёқчалари

cucharón

чўмич

estpátula

куракча

batidora

кўпиртиргич

colador

элак

colador

элак

rallador

қирғич

mortero

ҳовонча

parrilla

гриль

fogata

олов

tabla de picar

оштахта

palo de amasar

жува

sacacorchos

пармасимон тиқин очгич

lata

консерва

abrelatas

консерва очгич

manopla

тутгич

pileta

унитаз

cepillo

идиш чўтка

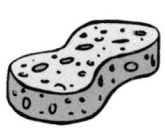

esponja

қозонсочиқ

batidora

қориштиргич

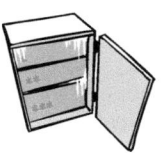

congelador

музлатгич

mamadera

сўрғичли чақалоқ
бутилкаси

canilla

кран

baño

ваннахона

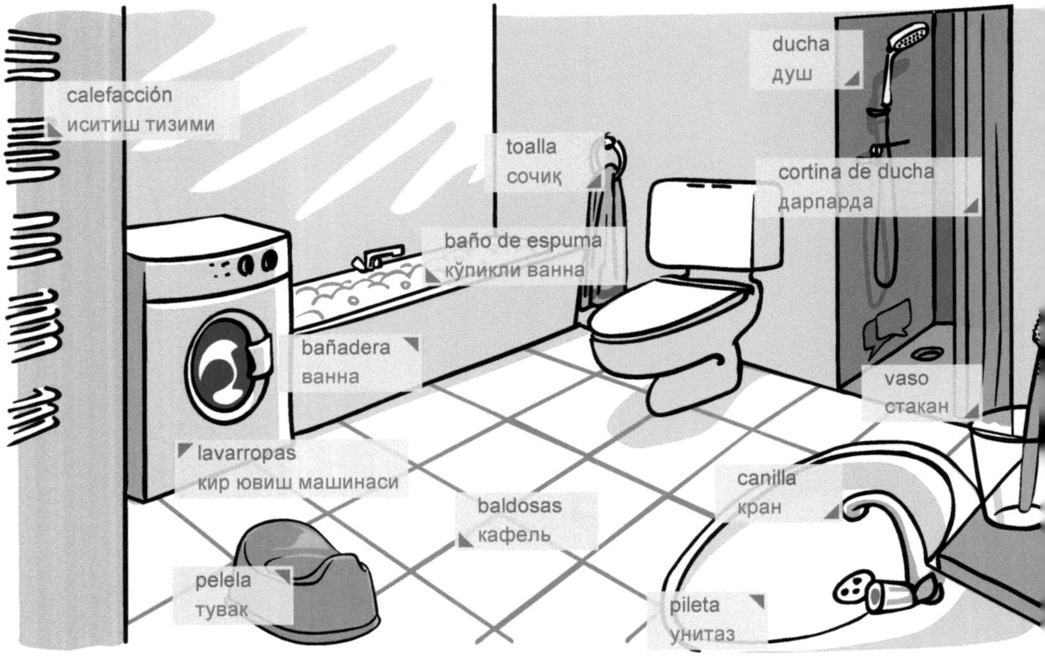

ducha
душ
calefacción
иситиш тизими
toalla
сочиқ
cortina de ducha
дарпарда
baño de espuma
кўпикли ванна
bañadera
ванна
vaso
стакан
lavarropas
кир ювиш машинаси
canilla
кран
baldosas
кафель
pelela
тувак
pileta
унитаз

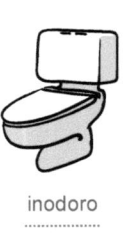

inodoro

ҳожатхона

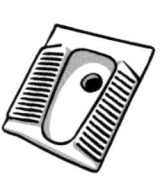

letrina

полга ўрнатиладиган унитаз

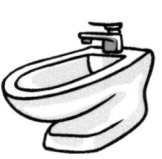

bidé

таҳоратдон

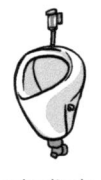

mingitorio

сийдик унитази

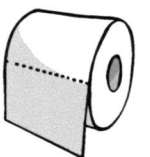

papel higiénico

ҳожатхона қоғози

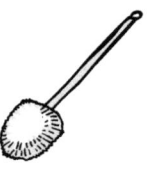

cepillo para el inodoro

ҳожатхона чўткаси

cepillo de dientes

тиш чўтка

dentífrico

тиш пастаси

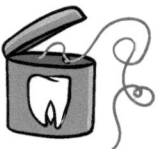

hilo dental

тиш тозалагич ип

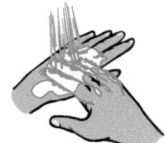

lavar

ювмоқ

ducha de mano

дастакли душ

ducha higiénica

таҳорат учун душ

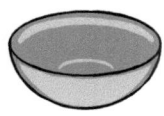

palangana

тоғора

cepillo para espalda

елка қашлайдиган чўтка

jabón

совун

gel de ducha

душ учун гель

shampoo

шампунь

toallita

мочалка

desagüe

қувур

crema

крем

desodorante

дезодарант

espejo

кўзгу

espejito

қўл кўзгуси

maquinita de afeitar

устара

espuma de afeitar

устара учун кўпик

aftershave

салқинлантирувчи
бальзам

peine

тароқ

cepillo

чўтка

secador de pelo

фен

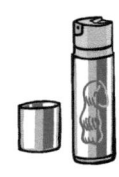

spray

соч учун лак

maquillaje

пардоз-андоз

lápiz de labios

лаб учун помада

esmalte para uñas

тирноқ лаки

algodón

пахта

tijera para uñas

тирноқ қайчиси

perfume

духи

portacosméticos

пардоз-андоз халтаси

banqueta

курси

balanza

тарози

bata

чўмилиш халати

guantes de goma

резина қўлқоп

tampón

тампон

toallita femenina

гигиеник таглик

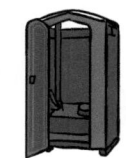

baño químico

биохожатхона

cuarto de los chicos
болалар хонаси

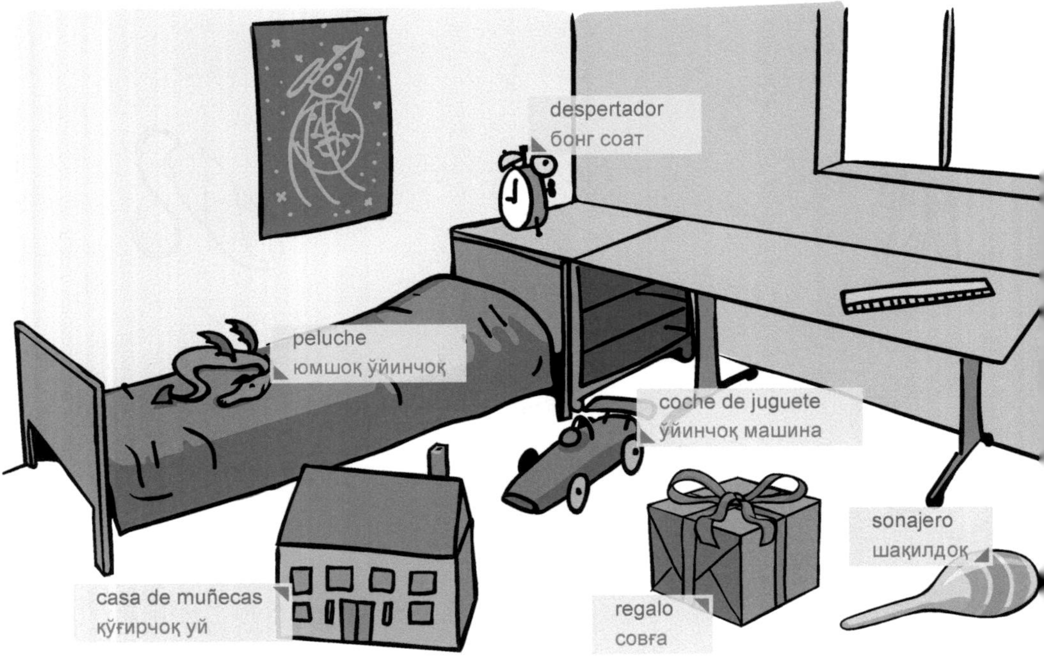
despertador
бонг соат
peluche
юмшоқ ўйинчоқ
coche de juguete
ўйинчоқ машина
sonajero
шақилдоқ
casa de muñecas
қўғирчоқ уй
regalo
совға

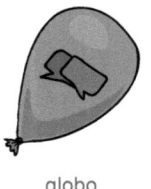

globo
....
шар

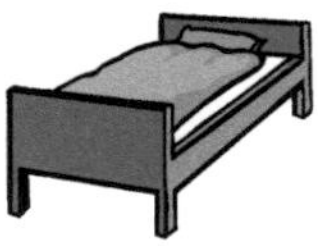

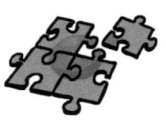

cama
....
кроват

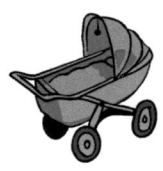

cochecito
....
болалар аравачаси

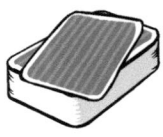

cartas
....
карта тўплами

rompecabezas
....
терма тасвир

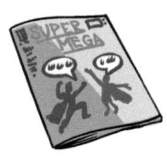

historieta
....
кулгили саҳна асари

piezas de lego

лего ғиштлари

ladrillos de juguete

ўйинчоқ кубиклар

figura de acción

ўйинчоқ қаҳрамон

enterito (de bebé)

ползунка

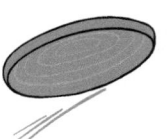

frisbee

учар ликопча

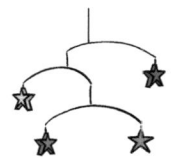

móvil para bebés

осма шақилдоқ

juego de mesa

стол ўйини

dados

ошиқ

tren eléctrico

поезд макети

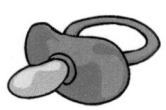

chupete

сўрғич

fiesta

ўтириш

libro de cuentos ilustrado

расмли китоб

pelota

коптоқ

muñeca

қўғирчоқ

jugar

ўйнамоқ

arenero

қумдон

hamaca

арғимчоқ

juguetes

ўйинчоқлар

consola de videojuegos

ўйин приставкаси

triciclo

уч ғилдиракли велосипед

osito de peluche

бахмал айиқ

armario

кийим шкафи

ropa

кийим

medias

пайпоқ

medias panty

чулки

calzas

колготка

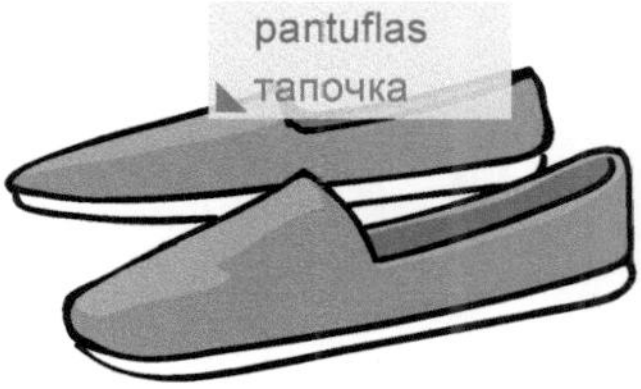

bufanda
шарф

paraguas
соябон

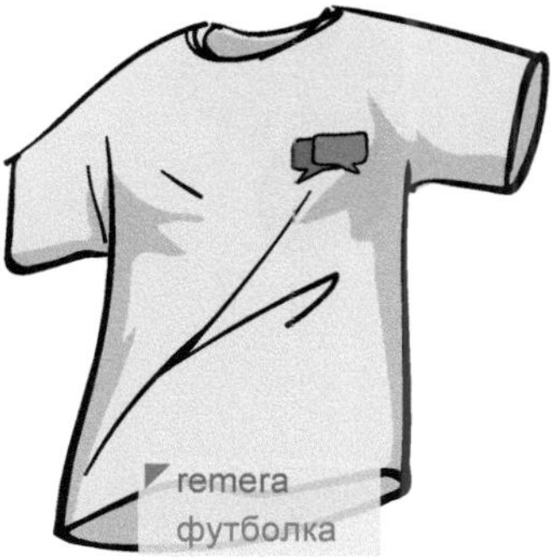

remera
футболка

cinturón
камар

botas
ботинка

pantuflas
тапочка

zapatillas
кроссовка

sandalias
шиппак

zapatos
туфли

botas de goma
резина этик

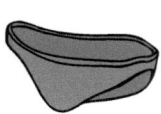

ropa interior
тор турсик

corpiño
кўкракпеч

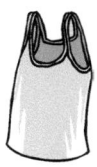

chaleco
майка

body

боди

pantalones

иштон

jeans

жинси

pollera

юбка

blusa

кофта

camisa

кўйлак

pulóver

жемпер

buzo

узун чакмон

blazer

спорт бичимидаги пиджак

campera

куртка

tapado

пальто

piloto

плаш

traje

либос

vestido

кўйлак

vestido de novia

келин кўйлак

traje

костюм шим

camisón

тунги кўйлак

pijama

пижама

sari

сари

pañuelo para cabeza

шолрўмол

turbante

салла

burka

паранжи

caftán

чакмон

abaya

абая

traje de baño

чўмилиш костюми

short de baño

турсик

shorts

шортик

jogging

спорт костюми

delantal

фартук

guantes

қўлқоп

botón

тугма

anteojos

кўзойнак

pulsera

билагузук

collar

мунчоқ

anillo

узук

aro

сирға

gorra

кепка

percha

пальто илгак

sombrero

шляпа

corbata

бўйинбоғ

cierre

замок

casco

дубулға

tiradores

шим тортгич

uniforme escolar

мактаб формаси

uniforme

форма

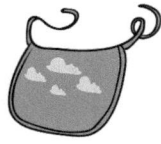

babero

ошхўрак

chupete

сўрғич

pañal

таглик

oficina

идора

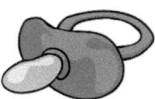

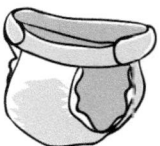

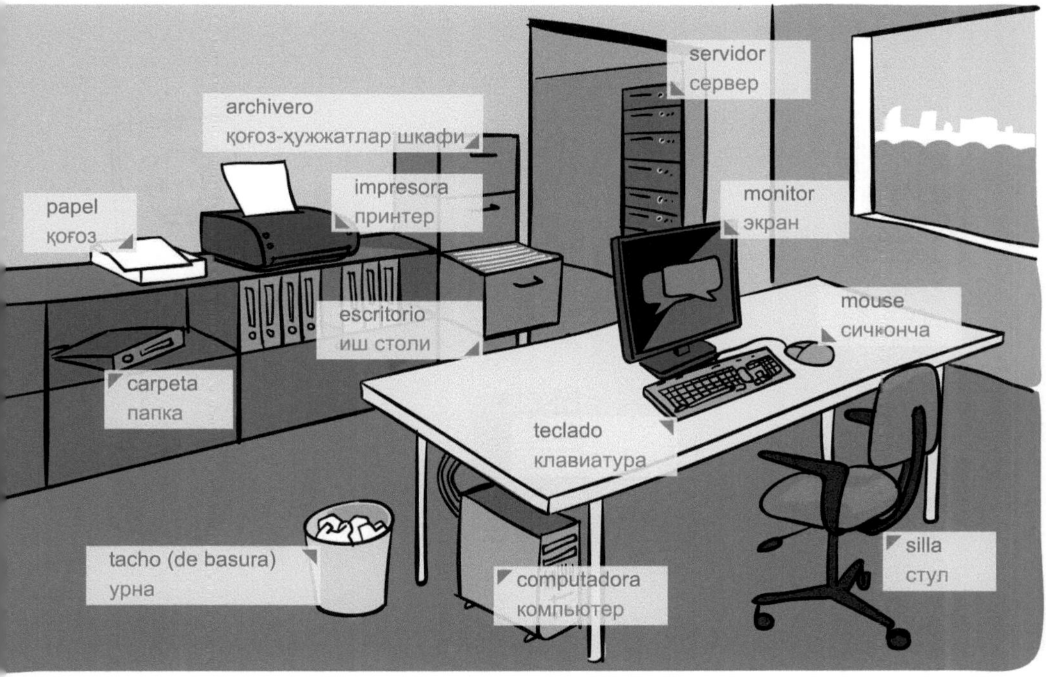

servidor
сервер
archivero
қоғоз-ҳужжатлар шкафи
impresora
принтер
papel
қоғоз
monitor
экран
mouse
сичқонча
escritorio
иш столи
carpeta
папка
teclado
клавиатура
silla
стул
tacho (de basura)
урна
computadora
компьютер

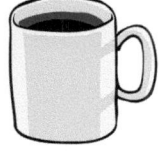

taza de café

кофе кружкаси

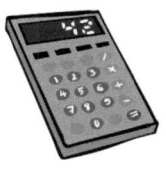

calculadora

калькулятор

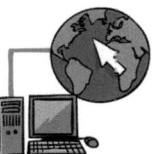

internet

интерне-

laptop

ноутбук

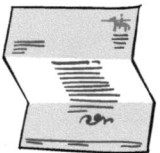

carta

хат

mensaje

мактуб

celular

уяли телефон

red

тармоқ

fotocopiadora

нусха кўчиргич

software

дастур

teléfono

телефон

tomacorriente

розетка

fax

факс

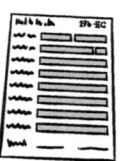

formulario

шакллар

documento

ҳужжат

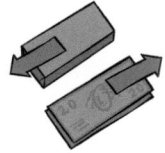

comprar

харид қилмоқ

pagar

тўламоқ

hacer negocios

савдолашмоқ

dinero

пул

dólar

доллар

euro

евро

yen

йен

rublo

рубль

franco suizo

швейцар франки

yuan

Кэньминьби хитой юани

rupia

рупи

cajero automatico

банкомат

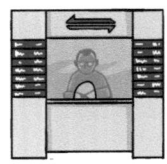

casa de cambio

пул айирбошлаш шаҳобчаси

oro

олтин

plata

кумуш

petróleo

нефт

energía

энергия

precio

нарх

contrato

шартнома

impuesto

солиқ

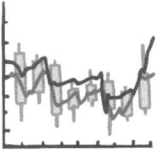

acción

акция

trabajar

ишламоқ

empleado

ишчи

empleador

иш берувчи

fábrica

завод

negocio

дўкон

policía
полициячи

bombero
ўт ўчирувчи

cocinero
ошпаз

médico
шифокор

piloto
учувчи

jardinero

боғбон

carpintero

дурадгор

modista

тикувчи

juez

ҳакам

farmacéutico

кимёгар

actor

актёр

colectivero

автобус ҳайдовчиси

taxista

такси ҳайдовчи

pescador

балиқчи

mucama

фаррош

techista

том устаси

mozo

официант

cazador

овчи

pintor

бўёқчи

panadero

нонвой

electricista

электр устаси

albañil

қурувчи

ingeniero

муҳандис

carnicero

қассоб

plomero

сувчи чилангар

cartero

почтачи

soldado

аскар

arquitecto

меъмор

cajero

ғазначи

florista

гулчи

peluquero

сартарош

cobrador

чиптачи

mecánico

механик

capitán

капитан

dentista

тиш шифокори

científico

олим

rabino

яхудийлар руҳонийси

imán

имом

monje

роҳиб

sacerdote

руҳоний

herramientas
асбоблар

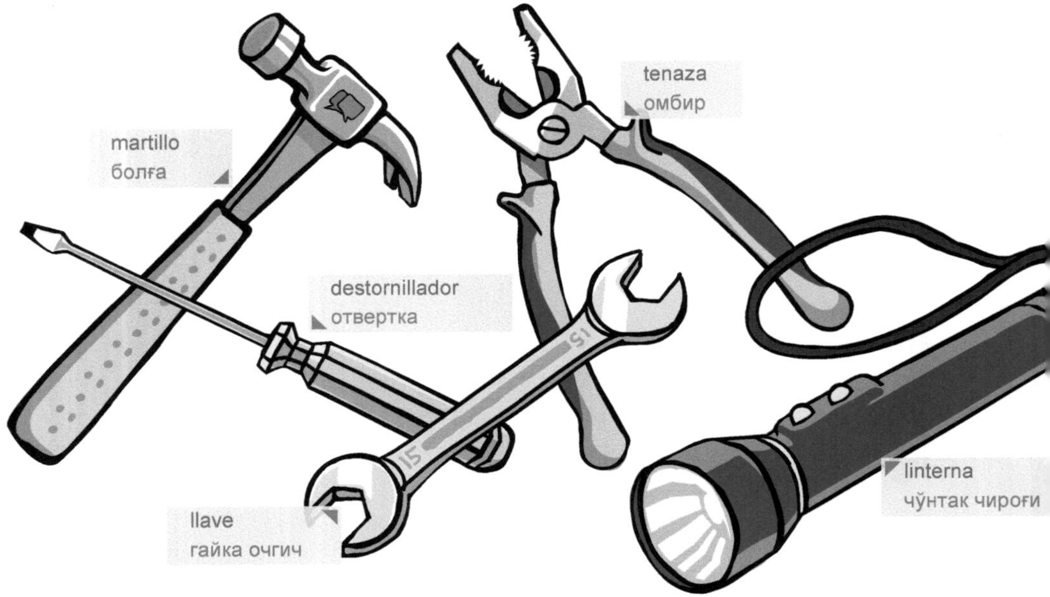
tenaza
омбир
martillo
болға
destornillador
отвертка
linterna
чўнтак чироғи
llave
гайка очгич

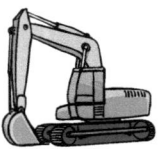

excavadora

экскаватор

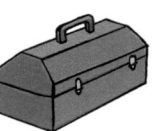

caja de herramientas

асбоблар қутиси

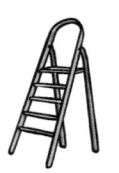

escalera portátil

нарвон

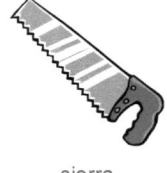

sierra

қўларра

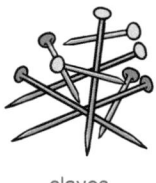

clavos

мих

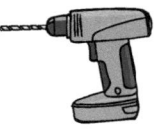

taladro

пармадаста

arreglar

тузатмоқ

pala de jardín

белкурак

¡Qué bronca!

Жин урсин!

pala de plástico

хокандоз

tacho de pintura

бўёқ идиш

tornillos

бурама мих

instrumentos musicales
мусиқа асбоблари

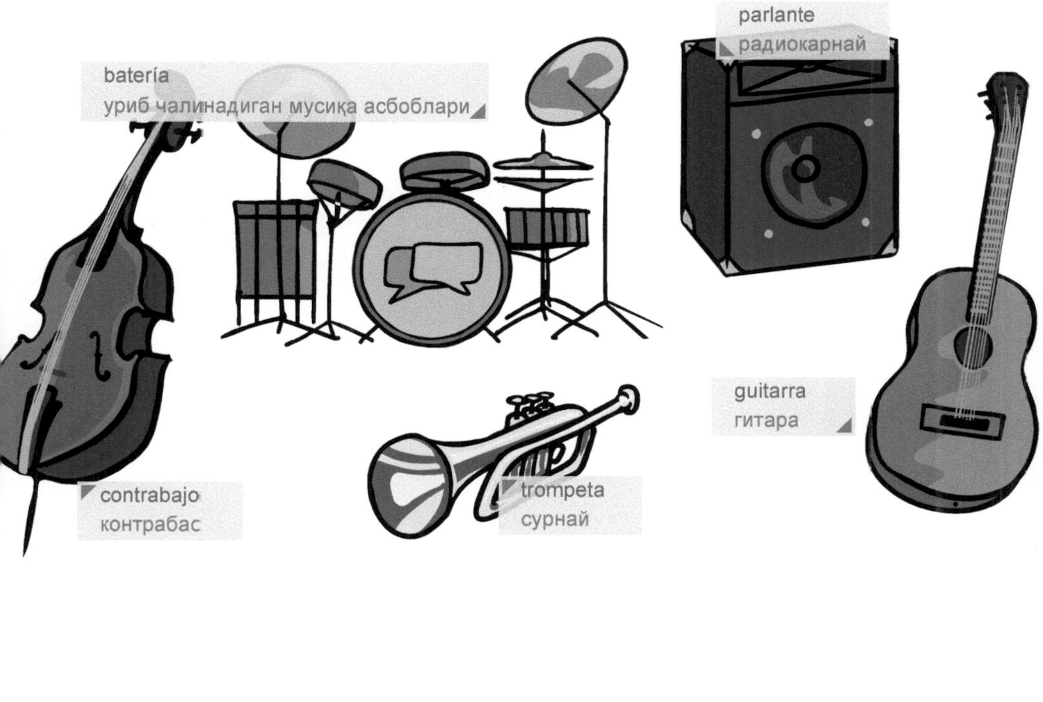

parlante
радиокарнай

batería
уриб чалинадиган мусиқа асбоблари

guitarra
гитара

contrabajo
контрабас

trompeta
сурнай

piano
....
пианино

violín
....
ғижжак

bajo
....
бас-гитара

timbales
....
қўшноғора

tambor
....
дўмбира

teclado
....
клавиатура

saxofón
....
саксофон

flauta
....
най

micrófono
....
микрофон

zoológico

ҳайвонот боғи

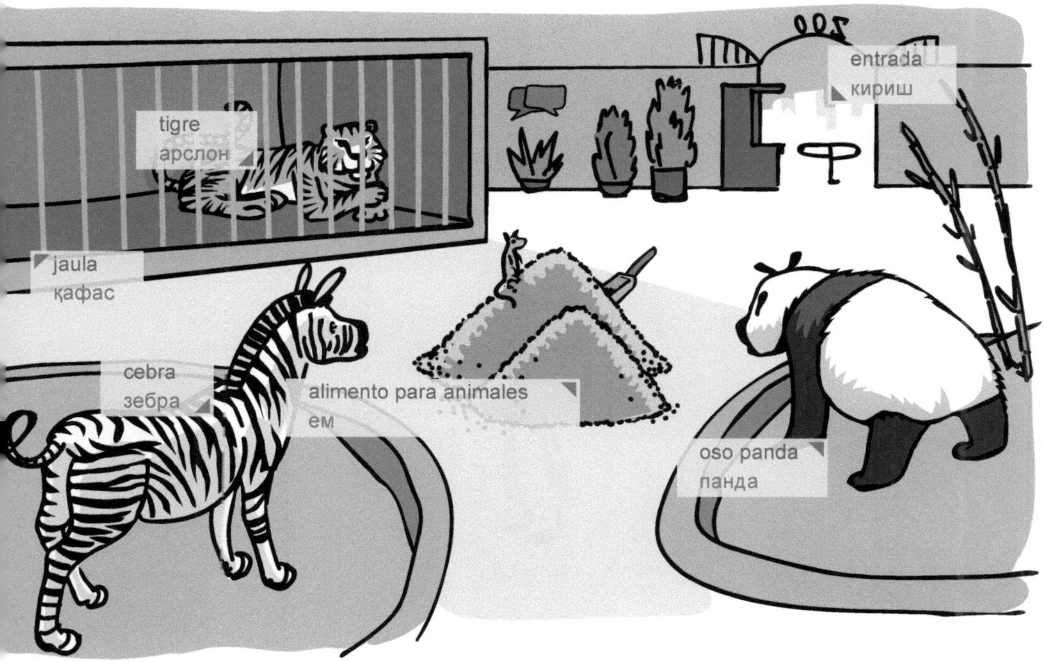

entrada
кириш
tigre
арслон
jaula
қафас
cebra
зебра
alimento para animales
ем
oso panda
панда

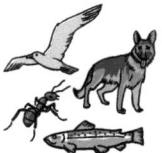

animales

ҳайвонлар

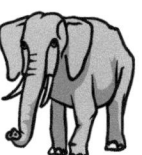

elefante

фил

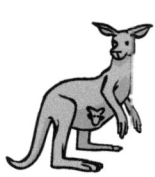

canguro

кенгуру

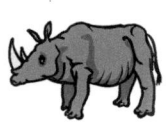

rinoceronte

каркидон

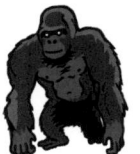

gorila

горилла

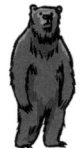

oso

айиқ

camello

туя

avestruz

туяқуш

león

шер

mono

маймун

flamenco

фламинго

loro

тўти

oso polar

оқ айиқ

pingüino

пингвин

tiburón

акула

pavo real

товус

serpiente

илон

cocodrilo

тимсоҳ

cuidador del zoológico

ҳайвонот боғи қоровули

foca

тюлень

jaguar

ягуар

poni

тўпичоқ от

leopardo

қоплон

hipopótamo

бегемот

jirafa

жирафа

águila

бургут

jabalí

эркак чўчқа

pescado

балиқ

tortuga

тошбақа

morsa

морж

zorro

тулки

gacela

оху

fútbol americano
америка футболи

ciclismo
велосипед ҳайдаш

tenis
теннис

básquet
баскетбол

natación
сузиш

boxeo
бокс

hockey sobre hielo
муз хоккейи

fútbol
футбол

bádminton
бадминтон

atletismo
енгил атлетика

handball
қўлтўпи

esquí
чанғи учиш

polo
поло

actividades

машғулот

reír
кулмоқ
saltar
сакрамоқ
abrazar
қучмоқ
caminar
юрмоқ
cantar
куйламоқ
soñar
хаёл қилмоқ
rezar
ибодат қилмоқ
besar
ўпмоқ

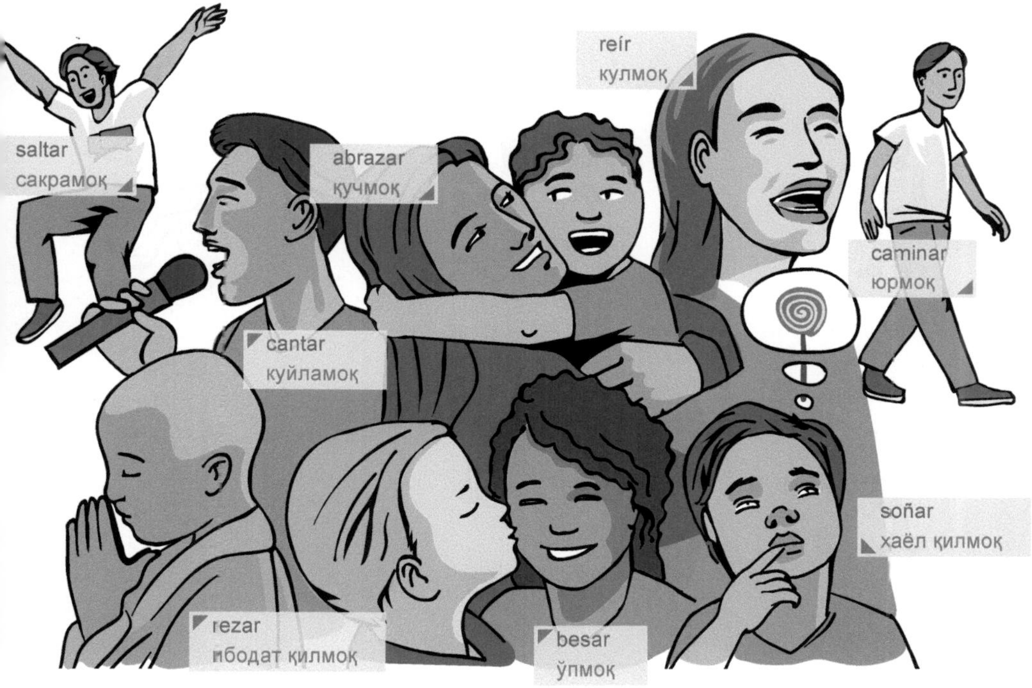

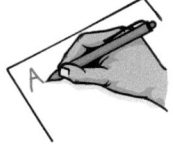

escribir

ёзмоқ

dibujar

чизмоқ

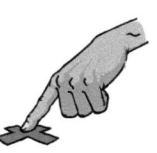

mostrar

кўрсатмоқ

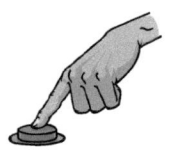

presionar

итармоқ

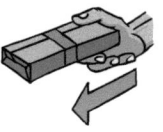

dar

бермоқ

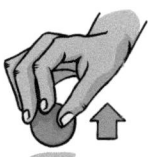

tomar

олмоқ

tener
эга бўлмоқ

hacer
бажармоқ

ser
бўлмоқ

estar parado
турмоқ

correr
югурмоқ

tirar
тортмоқ

tirar
улоқтирмоқ

caer
йиқилмоқ

estar acostado
алдамоқ

esperar
кутмоқ

llevar
ташимоқ

estar sentado
ўтирмоқ

vestirse
кийинмоқ

dormir
ухламоқ

despertar
уйғонмоқ

mirar

қарамоқ

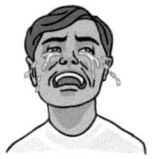

llorar

йиғламоқ

acariciar

зарба бермоқ

peinar

тарамоқ

hablar

гаплашмоқ

entender

тушунмоқ

preguntar

сўрамоқ

escuchar

тингламоқ

beber

ичмоқ

comer

емоқ

ordenar

йиғиштирмоқ

amar

севмоқ

cocinar

пиширмоқ

manejar

ҳайдамоқ

volar

учмоқ

navegar

кемада сузмоқ

calcular

ҳисобламоқ

leer

ўқимоқ

aprender

ўрганмоқ

trabajar

ишламоқ

casarse

турмуш қурмоқ

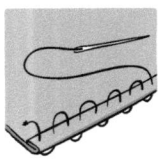

coser

тикмоқ

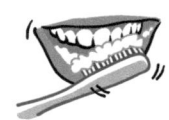

cepillarse los dientes

тиш ювмоқ

matar

ўлдирмоқ

fumar

чекмоқ

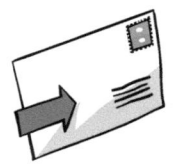

enviar

йўлламоқ

abuela
бvви

abuelo
бvва

padre
ота

madre
она

bebé
чақалоқ

hija
қиз

hijo
ўғил

invitado

мехмон

tía

амма

tío

тоға

hermano

ака

hermana

опа

cuerpo

тана

frente
пешона
ojo
кўз
hombro
елка
dedo
бармоқ
cara
юз
pera
ияк
mano
қўл панжалари
pierna
оёқ
pecho
кўкрак
brazo
қўл

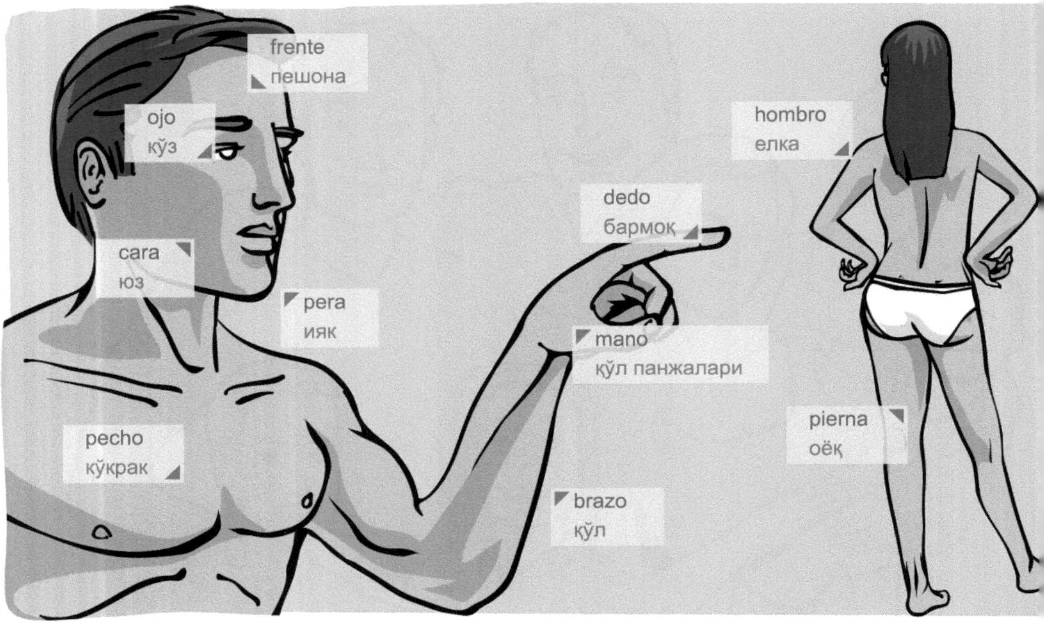

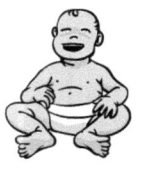

bebé

чақалоқ

hombre

одам

mujer

аёл

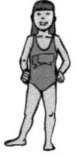

nena

қиз бола

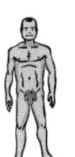

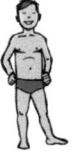

nene

ўғил бола

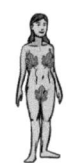

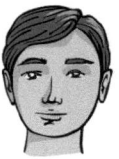

cabeza

бош

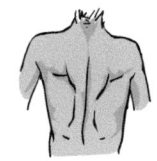

espalda

орқа

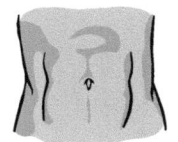

panza

қорин

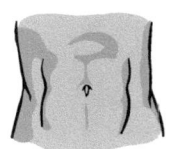

ombligo

киндик

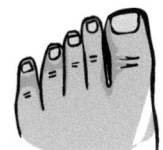

dedo del pie

оёқ панжаси

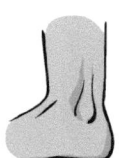

talón

товон

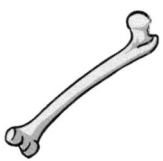

hueso

суяк

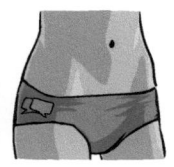

cadera

бел

rodilla

тизза

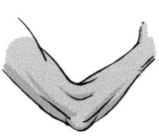

codo

тирсак

nariz

бурун

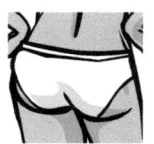

cola

думба

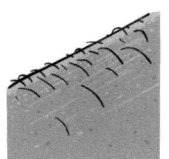

piel

тери

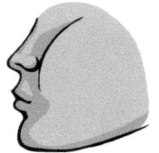

cachete

яноқ

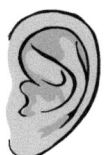

oreja

қулоқ

labio

лаб

boca

оғиз

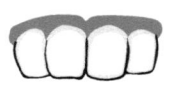

diente

тиш

lengua

тил

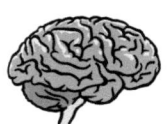

cerebro

мия

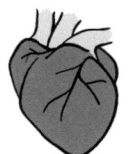

corazón

юрак

músculo

мушак

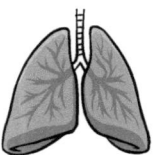

pulmón

ўпка

hígado

жигар

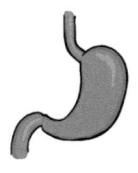

estómago

ошқозон

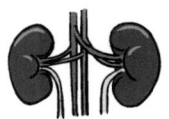

riñones

буйрак

sexo

жинсий алоқа

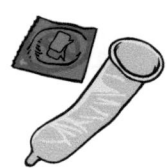

preservativo

презерватив

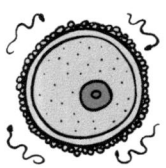

óvulo

тухум ҳўжайра

semen

уруғ

embarazo

ҳомиладорлик

cuerpo - тана

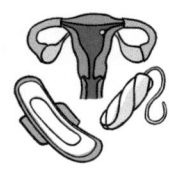

menstruación

хайз

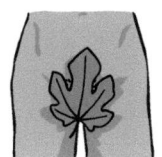

vagina

бачадон

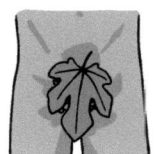

pene

олат

ceja

қош

pelo

соч

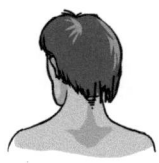

cuello

бўйин

hospital
шифохона

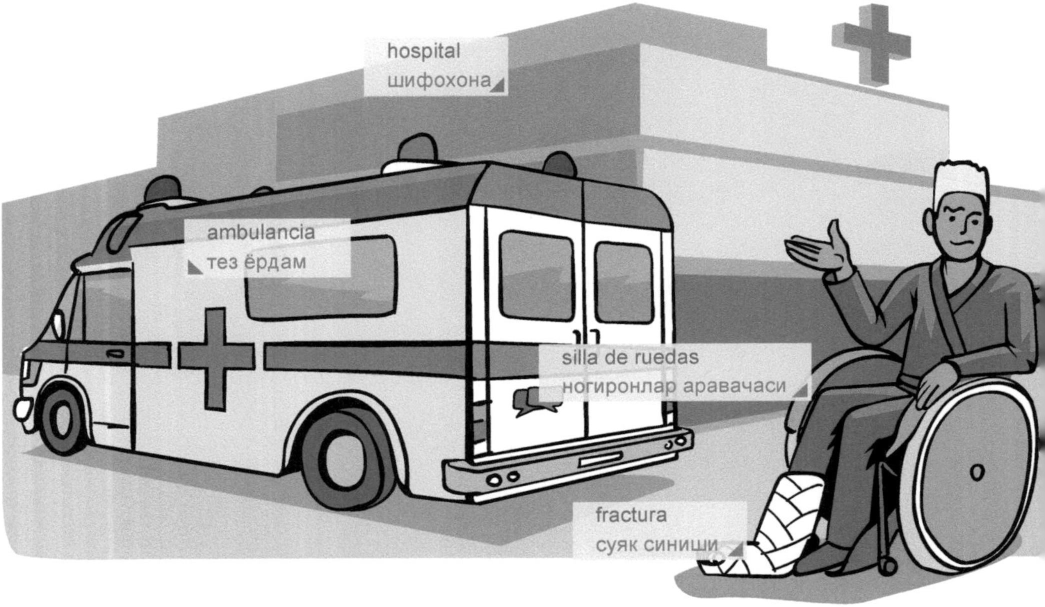

hospital
шифохона
ambulancia
тез ёрдам
silla de ruedas
ногиронлар аравачаси
fractura
суяк синиши

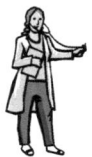

médico

шифокор

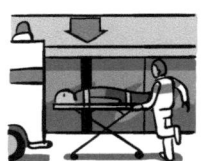

sala de guardia

Шошилинч тиббий ёрдам кўрсатиш бўлими

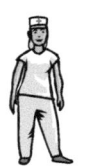

enfermera

ҳамшира

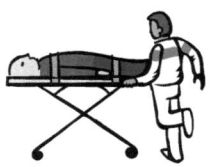

emergencia

тез ёрдам

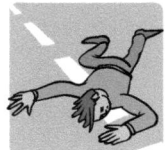

inconsciente

ҳушсизлик

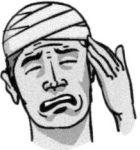

dolor

оғриқ

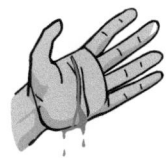

lesión

жарохат

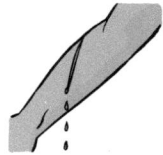

hemorragia

қонаш

infarto

юрак хуружи

ACV

инсульт

alergia

аллергия

tos

йўтал

fiebre

иситма

gripe

тумов

diarrea

ич кетиш

dolor de cabeza

бош оғриғи

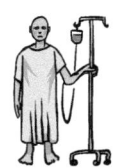

cáncer

саратон касали

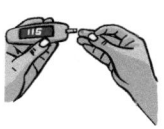

diabetes

қандли диабет

cirujano

жаррох

bisturí

жаррох пичоғи

operación

жаррохлик амалиёти

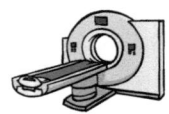

TC
....
томография

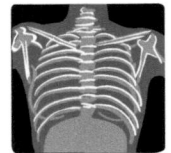

rayos x
....
рентген

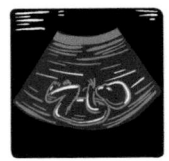

ecografía
....
ултратовуш текшируви

barbijo
....
юз ниқоби

enfermedad
....
касаллик

sala de espera
....
қабулхона

muleta
....
қўлтиқтаёқ

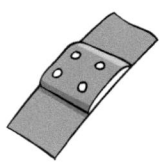

curita
....
малҳамли пластир

venda
....
бинт

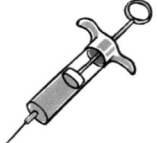

inyección
....
укол

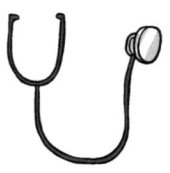

estetoscopio
....
юрак урушини ва ўпкани
эшитиб кўрадиган асбоб

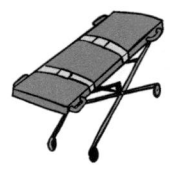

camilla
....
беморлар учун замбил

termómetro
....
термометр

nacimiento
....
туғруқ

sobrepeso
....
семизлик

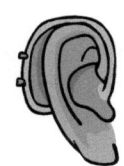

audífono

эшитиш мосламаси

desinfectante

дезинфекцияловчи восита

infección

инфекция

virus

вирус

VIH / SIDA

ОИВ / ОИТС

remedio

дори

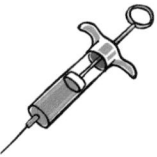

vacunación

эмлаш

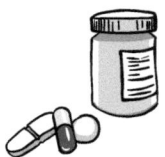

comprimidos

таблетка

pastilla anticonceptiva

дори

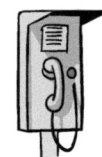

lamada de emergencia

тез ёрдам қўнғироғи

tensiómetro

қон босимини ўлчаш
асбоби

enfermo / sano

касал / соғлом

¡Ayuda!

Ёрдам беринглар!

alarma

хавф-хатар ишораси

agresión

тажовуз

ataque

ҳужум

peligro

хавф

salida de emergencia

фавқулодда ҳолатларда
чиқиш эшиги

¡Fuego!

Ёнғин!

matafuego

ўт ўчиргич

accidente

фалокат

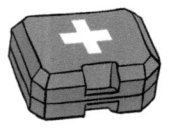

botiquín de primeros
auxilios

биринчи тиббий ёрдам
тўплами

SOS

фалокат сигнали

policía

полиция

Europa

Европа

América del Norte

Шимолий Америка

América del Sur

Жанубий Америка

África

Африка

Asia

Осиё

Australia

Австралия

Atlántico

Атлантик океани

Pacífico

Тинч океани

Océano Índico

Ҳинд океани

Océano Antártico

Антарктида океани

Océano Ártico

Арктика океани

polo norte

Шимолий қутб

polo sur

Жанубий қутб

Antártida

Антарктика

Tierra

Ер

tierra

ўлка

mar

денгиз

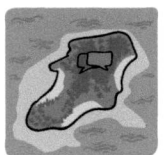

isla

орол

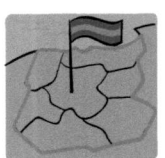

nación

миллат

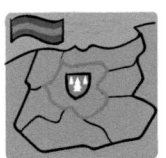

estado

давлат

esfera

астрономик вақт
кўрсатгичи

manecilla de las horas

соат мили

minutero

дақиқа мили

segundero

сония мили

¿Qué hora es?

Соат неча?

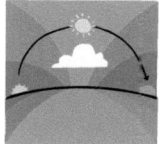

día

кун

hora

вақт

ahora

ҳозир

reloj digital

рақамли соат

minuto

дақиқа

hora

соат

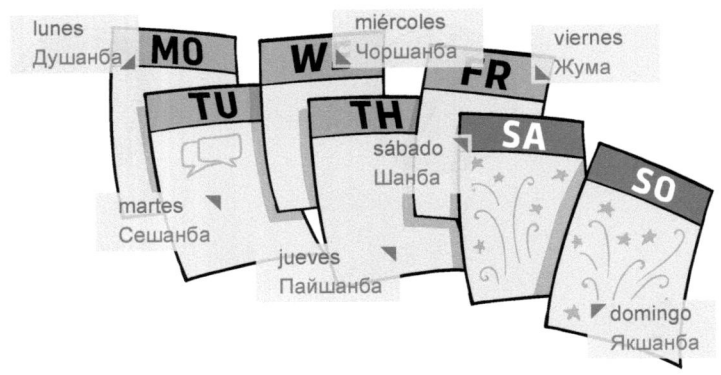

lunes
Душанба

miércoles
Чоршанба

viernes
Жума

martes
Сешанба

jueves
Пайшанба

sábado
Шанба

domingo
Якшанба

ayer

кеча

hoy

бугун

mañana

эртага

mañana

эрталаб

mediodía

пешин

tarde

кечкурун

días hábiles

иш кунлари

fin de semana

дам олиш кунлари

año

йил

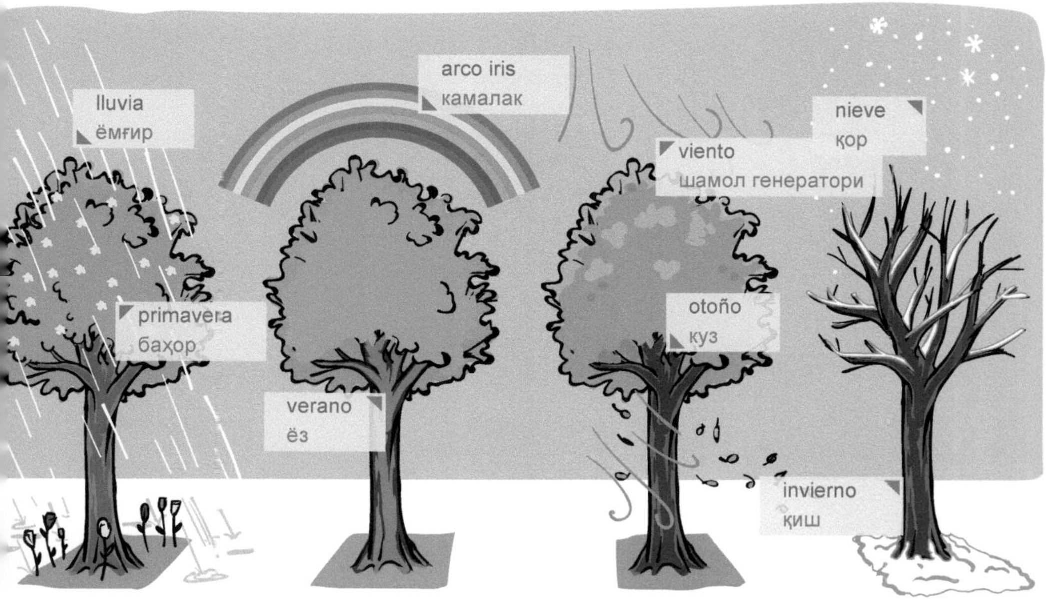
lluvia
ёмғир
arco iris
камалак
nieve
қор
viento
шамол генератори
primavera
баҳор
otoño
куз
verano
ёз
invierno
қиш

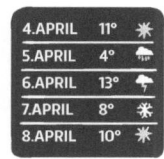

4.APRIL 11°
5.APRIL 4°
6.APRIL 13°
7.APRIL 8°
8.APRIL 10°

ronóstico meteorológ co

об-ҳаво маълумоти

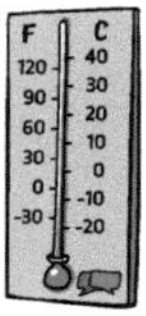
F
C
120
90
60
30
0
-30
40
30
20
10
0
-10
-20

termómetro

термометр

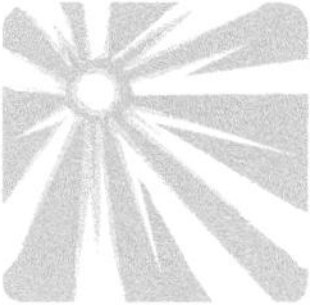

luz del sol

қуёшли

nube

булут

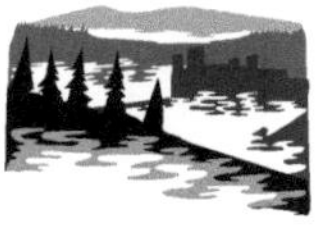

niebla

туман

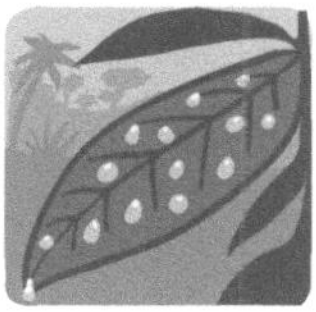

humedad

намгарчилик

rayo

чақмоқ

trueno

момоқалдироқ

tormenta

бўрон

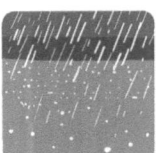

granizo

дўл

monzón

намгарчилик мавсуми

inundación

тошқин

hielo

муз

enero

Январь

febrero

Февраль

marzo

Март

abril

Апрель

mayo

Май

junio

Июнь

julio

Июль

agosto

Август

año - йил

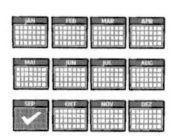

septiembre

Сентябрь

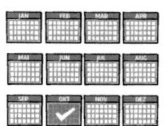

octubre

Октябрь

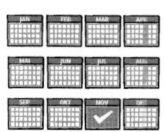

noviembre

Ноябрь

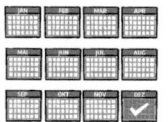

diciembre

Декабрь

círculo

айлана

cuadrado

квадрат

rectángulo

тўртбурчак

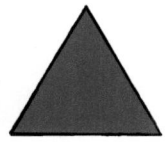

triángulo

учбурчак

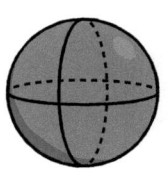

esfera

доира

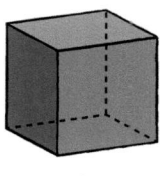

cubo

куб

blanco

оқ

amarillo

сариқ

naranja

сабзи ранг

rosa

пушти

rojo

қизил

violeta

тўқ қизил

azul

кўк

verde

яшил

marrón

жигар ранг

gris

кул ранг

negro

қора

mucho / poco

кўп / оз

enojado / tranquilo

ғазабли / хотиржам

lindo / feo

гўзал / хунук

principio / fin

боши / охири

grande / chico

катта / кичик

claro / oscuro

ёруғ / қоронғу

hermano / hermana

ака / сингил

limpio / sucio

тоза / ифлос

completo / incompleto

тўлиқ / чала

día / noche

кун / тун

muerto / vivo

ўлик / тирик

ancho / angosto

кенг / тор

comestible / no comestible

еса бўладиган / еса бўлмайдиган

malo / amable

ёвуз / хайрли

entusiasmado / aburrido

ҳаяжонли / зерикарли

gordo / flaco

семиз / озғин

primero / último

биринчи / охирги

amigo / enemigo

дўст / душман

lleno / vacío

тўла / бўш

duro / blando

қаттиқ / юмшоқ

pesado / liviano

оғир / енгил

hambre / sed

очлик / чанқов

enfermo / sano

касал / соғлом

ilegal / legal

ноқонуний / қонуний

inteligente / estúpido

зиёли / калтафаҳм

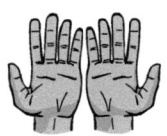

izquierda / derecha

чап / ўнг

cerca / lejos

яқин / узоқ

nuevo / usado

янги / ишлатилган

nada / algo

ҳеч нарса / бир нарса

viejo / joven

қари / ёш

encendido / apagado

ёниқ / ўчиқ

abierto / cerrado

очиқ / ёпиқ

silencioso / ruidoso

паст / баланд

rico / pobre

бой / камбағал

correcto / incorrecto

тўғри / нотўғри

áspero / suave

нотекис / текис

triste / contento

хафа / хурсанд

corto / largo

қисқа / узун

lento / rápido

секин / тез

mojado / seco

нам / қуруқ

caliente / frío

илиқ / салқин

guerra / paz

уруш / тинчлик

0	**1**	**2**
cero	uno	dos
ноль	бир	икки

3	**4**	**5**
tres	cuatro	cinco
уч	тўрт	беш

6	**7**	**8**
seis	siete	ocho
олти	етти	саккиз

9	**10**	**11**
nueve	diez	once
тўққиз	ўн	ўн бир

12

doce

ўн икки

13

trece

ўн уч

14

catorce

ўн тўрт

15

quince

ўн беш

16

dieciséis

ўн олти

17

diecisiete

ўн етти

18

dieciocho

ўн саккиз

19

diecinueve

ўн тўққиз

20

veinte

йигирма

100

cien

юз

1.000

mil

минг

1.000.000

millón

миллион

inglés

Инглиз

inglés americano

Америкача инглиз тили

chino mandarín

Хитой тилининг Мандарин лаҳчаси

hindi

Ҳинд

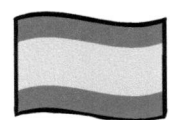

español

Испан

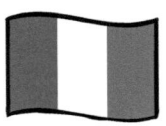

francés

Француз

árabe

Араб

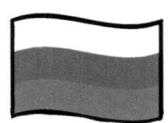

ruso

Рус

portugués

Португал

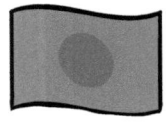

bengalí

Бенгал

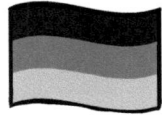

alemán

Немис

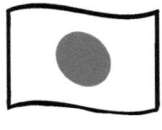

japonés

Япон

yo

Мен

vos

Сен

él / ella

у / у / у

nosotros

биз

ustedes

сизлар

ellos

улар

¿quién?

ким?

¿qué?

нима?

¿cómo?

қандай?

¿dónde?

қаерда?

¿cuándo?

қачон?

nombre

исм

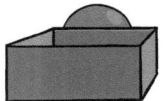

detrás

орқада

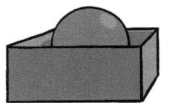

en

ичида

adelante de

олдида

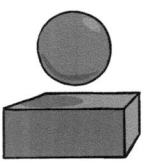

por encima de

узра

sobre

устида

debajo de

тагида

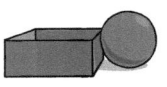

al lado de

ёнида

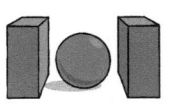

entre

ўртасида

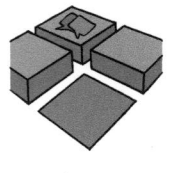

lugar

жой